VENDA MODERNA

Bruno Almeida

VENDA MODERNA

Aracaju -SE
2024

SUMÁRIO

PREFÁCIO

Este livro é fruto de um trabalho que venho fazendo há anos, e com o passar do tempo, me vejo aprendendo sempre coisas novas. Digo isso com total autoridade, pois realizei muitas vendas na frente de campo e conhecendo todos os tipos de clientes, situações e ambientes. A arte de vender é algo que você pode adquirir, não de forma imediata, mas com experiência e muita, mais muita prática mesmo.

O que venho falar è sobre o dia a dia e como o mundo está mudando, principalmente na área digital. Com o passar do tempo nem falávamos de listas de LEADS, comumente chamado de "lista fria", palavra que ao meu ver está errado pois ali, já se trata de um filtro com clientes em potencial, o que eu venho falar não é só sobre a venda digital como muitos gurus vem falando, venho dizer das boas novas, que a era da informação vem trazendo, inclusive na venda cara a cara, ação na qual muitos vendedores se perdem. Fala-se em vendas, mas muitos esquecem o que está por trás. Para mim, cada venda é única, cada venda é uma emoção, cada venda é uma pessoa que está buscando o melhor para si. Existe até um preconceito forte por parte dos clientes contra o vendedor. Não culpo os vendedores por isso, mas sim sua gestão, que não soube, esquecendo-se de dar um treinamento, e só visa a venda presente, esquecendo o mais importante, o pós-venda.

A palavra vendedor é forte; para o cliente, ele escuta o "vendedor", e não é isso que eu faço. Digo que sou um consultor amigo, alguém que vai proporcionar a melhor experiência e criar um rapport para que ele sempre venha até mim quando precisar. E digo mais: o cliente vai fazer a melhor e mais orgânica propaganda, sendo a propaganda boca a boca.

Com esta prévia, espero que se interesse pelo mundo das vendas. Trago informações nos pró-

próximos capítulos que eu quero que você, além de praticá-las, modele de acordo com sua necessidade e área de atuação, tudo que aprendi e venho trazer de forma rasa, para que você possa desenvolver não só as técnicas, mas a empatia com o próximo. Lembre-se: O amor abre portas, o sorriso acolhe e a verdade sempre que possível vai te fazer o melhor vendedor.

VENDAS, FUTURO E I.A

Antes de adentrar nesse ambiente cheio de técnicas e emoções, preciso relatar a história e evoluções no comércio em geral, desde lojas de centro e shoppings, como na área comercial do B2B. É notório que a profissão de vendedor vem passando por um processo evolutivo, no qual a venda torna-se maleável e cada vez maior no quesito técnico e no querer entender melhor seu cliente.

Notamos que é comum o cliente entrar em uma loja e não saber exatamente o que quer comprar, ou até sabe, mas é levado por um impulso ou caminho que não foi de seu plano inicial. Isso já deve ter acontecido com você, por vezes achar útil, por estar em uma promoção, ou por impulso inconsciente, como foi dito anteriormente.

Esse impulso inconsciente, na maioria das vezes, trata-se de um belo trabalho de merchandising, colocando o produto em determinada área ou altura para poder chamar a atenção dos clientes que passam. Trataremos de tais assuntos adiante, pois o que eu quero nesse primeiro capítulo é ressaltar o mundo da venda e sua evolução. Voltemos ao ano de 1990, como era diferente a abordagem a um cliente; até a negociação na parte de B2B era mais presencial e amiga. Digo isso, pois era necessária uma convivência mais presencial nas lojas. Não existia a prática de envio de e-mail como temos atualmente; tudo era por fax.

Esse era um tempo em que se fazia necessário buscar o cliente porta a porta, e, para os vendedores de lojas e butiques, a convivência com o cliente era mais íntima. Porém, nem tudo são flores; a necessidade do crescimento era indispensável, mas, pelo fato de não poder fazer um comercial eficiente, era difícil a conversão de novos leads. Isso era complicado para a época; o mais comum era rádio e o famoso carro de som.

Engraçado que, em 2024, data deste livro, a grande parte do comércio de interior é organizada para ter esse tipo de propaganda, por se tratar de pessoas leigas com a interface da tecnologia. Penso que este tipo de mídia irá acabar em breve, pois desconheço algum jovem que escuta rádio. Para muitos que duvidam de tal assombro, ouvir falar em uma mídia física como o CD-ROM estar extinta, chamariam de louco ou burro. Até nos anos de 2008, época em que trabalhei no setor de T.I., e me disseram que um servidor de computador seria em nuvem, não duvidei, porém não me passava em mente a ideia de um corpo físico vir a ser abstrato, por assim dizer.

Hoje, o que mais vemos é a tecnologia cloud crescendo na empresa e nos usuários comuns. Ainda falando do passado, a venda era muito mais pensada no poder do agora; os produtos eram mais duradouros e a concorrência era menor comparada aos dias atuais. Pensar que, naquele momento, o vendedor estava mais voltado na parte da vantagem do que no benefício.

Mas em frente falarei um pouco sobre o "pilar do CBV", que nada mais é sobre a característica, benefício e vantagem que o produto ou serviço proporcionará para o cliente.

Com o passar do tempo, entramos em um momento em que a venda está ligada mais à tecnologia e suas ferramentas; porém, sinto que perdeu o brilho da negociação que se tinha anteriormente. O cliente está cada vez com mais poder de informação e muitas vezes procura um vendedor só para tirar dúvidas relacionadas à sua futura compra. É nesse momento que o vendedor tem a oportunidade de inovar em seu setor; a tecnologia veio para beneficiar ambos os lados, principalmente o setor comercial.

Com a evolução da I.A e seu direcionamento de cliente para loja, desfrutemos dessa oportunidade para fazer uma excelente demonstração do poder do conhecimento e colocar em prática as técnicas aprendidas e aprimoradas. Mesmo com toda evolução, é notável a falta de humanização no atendimento; você mesmo pode notar que os próprios vendedores estão cada vez mais robóticos.

Corretamente focados nas características do produto, tal posicionamento não é errado, porém, como havia dito, para que o cliente se sinta totalmente confortável emocionalmente a fazer a compra, é preciso um excelente atendimento e, principalmente, direcionar o cliente para uma experiência dentro da loja ou ambiente em que esteja no momento, abrir o coração do cliente e fazer com que a compra seja uma conquista, uma vitória desse consumidor.

Faça-o lembrar do porquê ele veio atrás do produto e o que o produto vai impactar na vida dele. Não se engane, tais sentimentos não vêm somente por meios de grandes compras ou produtos extremamente caros; lembre-se de que o melhor presente é aquele que você usa todos os dias. No momento atual, vejo que 90% dos vendedores do segmento B2C não utilizam as ferramentas tecnológicas, ou porque desconhecem ou, na grande parte das vezes, a cultura da empresa não permite o uso de um simples celular.

na operação. Alguns empresários podem questionar que é errado o que eu venho dizer, pois diz se tratar de um dispositivo que vem tirar a concentração do vendedor.

Reafirmo que está erroneamente o modo de pensamento, o uso de tal ferramenta permite o mesmo ter um contato mais afetivo, criando um rapport para possíveis dúvidas a serem tiradas e futuras compras serem feitas novamente.

O uso de ferramentas digitais está cada vez mais integrada no cotidiano de um vendedor esperto. O LinkedIn e o Instagram desempenham papéis distintos, mas complementares, nas estratégias de vendas modernas. O LinkedIn, conhecido como a rede social profissional, é um ponto de encontro para estabelecer e fortalecer conexões na esfera corporativa.

É eficaz para que se tenha o famoso networking, compartilhamento de conteúdo relevante e participação em grupos de indústria. Além disso, é uma plataforma valiosa para gerar leads, pesquisar empresas/alvo e até construir relacionamentos profissionais. Por outro lado, o Instagram, sendo altamente visual, destaca-se por sua capacidade de cativar por meio de imagens e vídeos. É uma ferramenta ideal para destacar produtos, contar histórias de marca e engajar o público de maneira mais informal. O uso de histórias, publicações no feed e interação com seguidores contribui para uma presença online dinâmica.

O Instagram também é propício para parcerias com influenciadores e permite obter feedback instantâneo. Ambas as plataformas oferecem opções de anúncios segmentados, possibilitando que as empresas atinjam públicos específicos. A combinação do LinkedIn e do Instagram permite uma abordagem abrangente, cobrindo tanto a esfera profissional quanto a pessoal.

Essa abordagem multifacetada não só amplia a visibilidade do seu trabalho, mas também facilita o desenvolvimento das estratégias de vendas mais eficazes, aproveitando as características distintas de cada plataforma. Sendo possível você, vendedor, criar sua maneira de interagir.

Ao usar essas ferramentas de maneira integrada, o vendedor pode construir relacionamentos sólidos, aumentar a visibilidade e impulsionar as vendas de maneira estratégica com um rapport antes mesmo de conhecer o cliente pessoalmente.

O rapport é uma peça fundamental no contexto das vendas, sendo alicerçado na construção de uma relação sólida e confiável entre o vendedor e o cliente. Essa conexão vai além do simples fechamento de negócios, buscando estabelecer um ambiente propício para a influência positiva nas decisões de compra.

A empatia também é uma ferramenta-chave nesse processo, permitindo ao vendedor compreender as necessidades e preocupações do cliente de forma mais profunda. A comunicação desempenha um papel crucial, exigindo do vendedor a capacidade de ouvir atentamente, fazer perguntas pertinentes e ajustar sua abordagem conforme as necessidades identificadas.

Encontrar similaridades, sejam elas pessoais ou profissionais, pode fortalecer os laços entre as partes, criando uma base sólida para a confiança mútua. A linguagem corporal e a postura também contribuem para a construção desse rapport, transmitindo confiança e receptividade.

A personalização da abordagem de vendas é outro aspecto importante, mostrando um interesse autêntico pela situação única do cliente. Acrescentar confiabilidade são valores essenciais, pois cumprir prazos e promessas fortalece a credibilidade. O humor moderado, quando apropriado, pode adicionar uma dimensão mais descontraída, enquanto o respeito pela opinião do cliente é vital para um excelente relacionamento duradouro.

O acompanhamento personalizado, lembrando detalhes importantes, demonstra uma atenção contínua, enquanto a adaptação do estilo de comunicação e às preferências do cliente facilita

Em uma interação mais harmoniosa. Investir tempo e esforço na construção do rapport não apenas potencializa a eficácia nas vendas, mas também estabelece bases para relacionamentos duradouros, nos quais a confiança é a chave para o sucesso mútuo. Lembre-se de conhecer bem o cliente para proporcionar uma venda mais humana, transmitindo que você realmente está ajudando.

Falando de tecnologia, o futuro da Inteligência Artificial (IA) nas vendas é muito promissor para as transformações substanciais no cenário comercial. A análise preditiva, alimentada por IA, será uma ferramenta fundamental, oferecendo insights detalhados sobre comportamentos de compra, tendências de mercado e previsões de vendas mais precisas, além de pré-estabelecer uma conexão com o cliente. Os chatbots, impulsionados por IA avançada, evoluirão para interações mais sofisticadas, automatizando respostas a perguntas comuns e aprimorando significativamente o atendimento ao cliente. No entanto, vimos que é essencial a participação humana no setor digital. Não se esqueça quede , por trás da tela, existe uma pessoa real, e as empresas estão esquecendo. A personalização em tempo real será uma realidade, com sistemas de IA adaptando ofertas e experiências de compra conforme as preferências individuais dos clientes. Assistências equipadas com IA se tornarão parceiras em comum no seu setor, oferecendo suporte em tempo real com informações, análises de dados e sugestões estratégicas durante o processo de vendas, e essa automação de tarefas repetitivas será uma boa, liberando os vendedores para se concentrarem em atividades mais estratégicas e de alto valor.

A otimização de ofertas será aprimorada por meio de algoritmos de IA, considerando variáveis dinâmicas do mercado, comportamento da concorrência e preferências do consumidor.

O reconhecimento facial e emocional ganhará destaque, proporcionando uma compreensão mais profunda das reações dos clientes durante interações online e permitindo ajustes em tempo real nas estratégias de vendas, e a integração mais avançada da IA com sistemas de CRM proporcionará uma visão mais abrangente do cliente, aprimorando a gestão de relacionamentos. As vendas preditivas, alimentadas por IA, identificarão leads qualificados com base em padrões de comportamento e histórico de compras. Além disso, as experiências de compra virtuais se tornarão mais envolventes, graças às tecnologias, como provadores virtuais e assistentes de compras online mais inteligentes.

Essas tendências indicam uma revolução na forma como as vendas são conduzidas, incorporando a IA em todos os aspectos do processo para melhorar a eficiência, na personalização junto ao cliente. Adaptar essas características será crucial para que as empresas venham a ter um cenário comercial mais digital e orientado nos dados. E não se esqueça de que as tecnologias artificiais vêm crescendo, às vezes de forma desordenada, e é fundamental o papel do agente vendedor no campo; nada o substitui. O papel humano na hora da compra sempre será um diferencial para o cliente. Mesmo que não tenha contato direto, é possível fazer um atendimento que faça o indivíduo sentir sua presença de tal forma que se sinta acolhido e confortável para suas dúvidas no momento da compra. Embora nem tudo seja flores, a inteligência artificial vem trazendo preocupações significativas nas vendas, também apresenta desafios e pontos negativos que merecem atenção. Um aspecto crítico é a preocupação com a perda de empregos tradicionais devido à automação impulsionada pela IA, tendo muitas funções de vendas e atendimento ao cliente, que podem vir a ser substituídas por sistemas automatizados, resultando em desemprego para trabalhadores que dependem dessas posições. Além disso, a dependência excessiva da IA nas vendas pode levar a despersonalização das interações comerciais. A automação pode comprometer a autenticidade e a empatia nas relações entre vendedores e clientes, resultando em experiências menos humanas e perdendo a confiança e o vínculo emocional nas vendas, tendo o processo prejudicado quando a interação se torna excessivamente mecânica. Tecla que venho batendo diversas vezes, pois muitos esquecem do fator humano.

A questão da segurança também é uma preocupação, e, com o aumento da quantidade de dados pessoais armazenados e processados pela IA nas grandes databases, atividades de vendas na internet podem alavancar os riscos significativos de violação de privacidade.

A proteção inadequada dessas informações pode resultar em consequências graves para os consumidores e para as próprias empresas, tendo o desafio do relacionado e à dependência de algoritmos de IA, que podem ser suscetíveis a vieses.

Se os dados utilizados para treinar esses algoritmos contiverem preconceitos, a IA pode perpetuar e até amplificar esses vieses, resultando em decisões discriminatórias nas estratégias de vendas.

Pode notar que a internet está cheia de bots, e um novo problema surge na questão de informação trocada. Percebemos que robôs estão sendo confundidos com humanos e vice-versa. Por fim, a complexidade e os custos associados à implementação podem ser um fator limitante na IA, especialmente para pequenas empresas.

A necessidade de treinamento, manutenção e atualização constante desses sistemas pode representar um ônus financeiro significativo. Em resumo, enquanto a IA oferece benefícios substanciais para as vendas, é essencial abordar de maneira proativa os desafios relacionados à perda de empregos, despersonalização, segurança de dados, vieses algorítmicos e custos associados à implementação.

O equilíbrio entre inovação tecnológica e considerações éticas será fundamental para mitigar os impactos negativos da IA nas estratégias de vendas.

E esse medo de faltar emprego se dá em setores que, a meu ver, não será necessário o vendedor. A diferença entre um vendedor e um vendedor que tira pedido é gritante; esse que tira pedido está exposto à perda do trabalho, uma vez que o processo não precisa de convicção para aderir a um produto, pois faz-se necessário o reabastecimento do mesmo, e esse comprador poderia fazer de forma online.

Outro assunto que acho interessante no mundo atual das vendas pode não parecer interligado de imediato. Falo de uma abordagem de hackers que utilizam a prática do phishing para conseguir infectar usuários digitais. Desde o começo dos anos 1990, com a ampliação da internet, começou como uma forma de brincadeira e acabou como um mal mundial.

A invasão nos computadores começou com adolescentes que gostavam de brincar de ser os mais inteligentes E, ao passar dos anos, tivemos uma evolução por mentes maldosas, voltadas para o prejuízo de bens materiais.

O uso de um vírus era feito de forma mais manual. Hoje temos um perigo a ser enfrentado, que é o uso do phishing no mundo dos hackers. É o mais utilizado para tentar aproveitar um descuido. A forma de captar informações do usuário antes de aplicar um golpe, o chamado phishing, é um rapport virtual. Entender como seu alvo se comporta, com quem fala e por onde anda pode se dizer que é uma técnica de venda.

Entenda que todos são vendedores, e é certeza que você tenha alguém na família que já vendeu ou vende alguma coisa. Até você já vendeu algo; pode não ser um produto, mas você utiliza a venda quase sempre em sua vida.

Quem nunca precisou fazer uma entrevista de emprego? Neste momento você está vendendo sua imagem para poder ser contratado, ou até mesmo precisou persuadir uma pessoa para vir namorar você, ou até se autopromoveu na frente de um grupo ou pessoa para conseguir o que queria? Tudo isso é um ato de venda, profissão que é uma das mais antigas do mundo e com certeza necessária para a sobrevivência da humanidade.

A venda pode ser trocada por dinheiro, como é atualmente feita, ou pode ser trocada em algo ou serviços, como se fazia há milênios.

Não se esqueça de que não existe empresa sem vendas; a principal base é vender sua ideia, serviço, produto ou estilo de vida.

VENDA
EMOÇÕES

O mundo comercial é composto por muitos detalhes técnicos para que se concretize uma venda; no entanto, tenha certeza de que uma venda se trata do desenvolvimento da emoção. No momento em que a venda começa, tenha em mente que você não vai somente vender um produto, mas vai gerar a emoção necessária para que se concretize o ato.

Calcula-se que 80% da venda circula na potência emocional do cliente; esse sentimento tem por prioridade o ato de querer comprar, por muitas vezes sem saber se realmente é necessário para o seu cotidiano. Muitos vendedores focam apenas na característica do produto, assunto esse do "CBV", composto pela característica, benefício e vantagem sobre o produto ou serviço.

A característica é a base que você, vendedor, precisa dominar. Saber sobre seu produto é o mínimo que se pode fazer; isso vem pelo fato de que você tenha na ponta da língua uma possível resposta que o cliente venha a indagar, e quebrando de forma espontânea sua objeção, e vai ser bem natural como você demonstra esse domínio sobre o assunto. O conselho que dou é que não se limite à "bula", mas pesquise sobre outros produtos semelhantes, concorrentes, defeitos, elogios, reclamações, etc. Até para sentir o máximo de conforto, quando for falar sobre o assunto, obtendo tal informação, seu corpo naturalmente coloca-se em posição de domínio.

Falaremos depois sobre linguagem corporal no momento da venda. É importante saber quando você ou a outra pessoa está confortável para falar ou receber informações. No ponto de VANTAGEM, o vendedor demonstrará por que o cliente deve comprar aquele produto, por que fazê-lo agora, quais as vantagens que ele terá em relação a outros ou pessoas, etc. Algumas pessoas da área de vendas não gostam nem de utilizar essa nomenclatura e às vezes expõem de forma mínima na venda, quase nem falando. Agora, o mais importante na realização da venda é, sem dúvida, demonstrar as

Emoção, criando até situações imaginárias para que o cliente se sinta usufruindo de imediato e tenha a sensação do objeto ou serviço. Imagine uma situação: um corretor imobiliário apresentando uma casa para o cliente. Ele fala das características, como é o condomínio, quantos metros quadrados a casa possui, quais azulejos foram utilizados, o tipo de gramado colocado no jardim, quantos andares tem a casa e tudo mais.

Agora, imagine o corretor apresentando a casa de uma forma que o comprador já se encontre em posse da casa, chamando o cliente junto à varanda e dizendo que já o vê olhando para o horizonte nas manhãs que ele acordar, dizendo como seria grande o espaço da sala para festa e seus filhos brincando. Notou que no trabalho do benefício mostrou o lado emocional da venda. Sabendo trabalhar bem esse tipo de abordagem, você conseguirá tirar o sumo do cliente. Isso não se relata somente em vendas de grande porte, mas de compras pequenas. Um exemplo: um vendedor de calçados.

demonstrando um sapato de corrida, como o sapato irá ajudar a fortalecer suas pernas e sua saúde, demonstrar que o sapato irá fazer parte única de seu corpo ao colocá-lo, que ao correr se sentirá correndo como se fosse descalço, e que na mente ele sentirá com mais vigor para correr mais distâncias.

Essa é a pegada de um bom vendedor; trabalhar nesse íntimo do cliente é quase certeza de que o cliente venha a realizar a compra e, mesmo que não realize naquele momento, ele vai te lembrar como algo positivo e voltará, tenha certeza disso. Lembre-se de que todo atendimento é uma sementinha plantada e que, em algum momento, te dará retorno. Compreender o papel das emoções na venda é crucial para estabelecer conexões significativas com o cliente.

As decisões de compra são frequentemente moldadas por emoções, e o vendedor habilidoso reconhece a importância de criar experiências emocionais positivas. Ao entender as motivações, emocionais do cliente, o consultor de vendas pode adaptar sua abordagem para adentrar mais intimamente.

A empatia desempenha um papel vital nesse processo, permitindo que o vendedor se coloque no lugar do cliente, compreendendo suas aspirações, desejos e preocupações. Comunicar de maneira persuasiva não se trata apenas de listar características do produto, mas de narrar histórias que despertem emoções. Essas histórias podem destacar benefícios emocionais, como a sensação de segurança, realização pessoal ou pertencimento que o produto ou serviço proporcionará.

A confiança é construída quando o cliente sente uma conexão emocional genuína com o vendedor que demonstra autenticidade, compreendendo e respondendo às emoções do cliente. Utilizar linguagem emocional, como palavras que evocam sentimentos, ajuda a criar um impacto mais profundo. Além disso, o ambiente de compra pode ser projetado para evocar emoção positiva.

Lembre-se da mensagem e regra que Jesus deixou: amai ao outro como a ti mesmo. Então, logo atenda o cliente como gostaria que fosse atendido; pratique isso e receberá muitos elogios. É importante criar uma atmosfera acolhedora e agradável para poder influenciar de maneira mais significativa a experiência de compra, tornando-a mais memorável e agradável.

A música, a iluminação e até mesmo o design do ambiente desempenham um papel na criação dessa atmosfera emocional. No entanto, é importante reconhecer que o uso das emoções na venda requer sensibilidade. Pressionar demais ou manipular as emoções do cliente pode resultar em desconfiança e efeitos negativos.

O equilíbrio entre autenticidade e persuasão é fundamental. Em resumo, compreender e aproveitar o poder das emoções na venda é uma estratégia eficaz para o vendedor que busca estabelecer relações sólidas e influenciar positivamente as decisões de compra do cliente.

Ao criar uma experiência emocional autêntica, o vendedor pode conquistar a confiança e proporcionar resultados satisfatórios. Ignorar os limites éticos ao usar histórias emocionais é um erro comum que pode levar à consequência negativa.

Respeitar a individualidade e adaptar a abordagem conforme necessário é fundamental. Além disso, estar atento aos sinais de desconforto por parte do cliente e ajustar a abordagem é crucial para uma experiência positiva. Não subestimar a importância da lógica e da racionalidade na tomada de decisões também é importante, mesmo em uma venda baseada em emoções.

Focar apenas em emoções negativas pode ser contraproducente; é necessário equilibrar a abordagem, destacando emoções positivas associadas ao produto ou serviço. Ignorar as emoções do cliente e não demonstrar empatia pode prejudicar a conexão emocional.

Após a compra, o acompanhamento pós-venda não deve ser desconsiderado, pois manter a relação emocional ao longo do tempo é fundamental na fidelização. Parte da qual falaremos nos próximos capítulos, da importância do pós-venda.

É importante ressaltar que uma venda tem que começar pelo ato da emoção; um bom vendedor vai começar com uma ação emocional que atinja o coração ou até o ego do cliente. Imagine você querendo emagrecer e passando próximo a uma loja; um vendedor te chama atenção, dizendo: "emagreça de forma rápida em até trinta dias." Ali já gerou um ato emocional, despertando interesse iminente ao consumidor.

De outra forma, poderia não funcionar se o vendedor iniciasse de forma clínica e técnica. Deve haver um equilíbrio entre ambas as partes; comece sempre no emocional, entre com técnicas, balanceie sempre entre o técnico e o emocional. Isso fará uma venda com o máximo proveito.

Sempre que começar o dia em sua venda, permita-se refletir por 5 minutos. Pergunte a si mesmo como você vai impactar a vida de outra pessoa, como você poderá ajudar o outro a realizar seu sonho. Sonhos existem de todos os tipos, tamanhos e complexidades diferentes.

O PODER DAS PERGUNTAS

Na venda, é importante entender as reais necessidades dos clientes; não perguntar é o mesmo que deixar a venda em aberto, causando indagações mentais e fazendo o cliente possivelmente desistir. Também faz-se o uso do poder do não; isso é um assunto que falarei nas próximas páginas.

Voltando às perguntas, o problema de não indagar o cliente é deixar de oferecer o produto que ele precisa, não o que ele está procurando. Soa até contraditório, mas tenha certeza de que mais de 70% dos clientes que entram nas lojas não sabem ao certo o que querem. Já ouviu aquela velha frase: "estou dando uma olhadinha"?

É exatamente o que acontece. Venho trazer algumas soluções para que você possa aumentar suas vendas com exercícios diários. Dizemos que sempre trabalhamos com dois tipos de perguntas: as abertas e as fechadas. Como assim, pergunta fechada? Depende de como for utilizá-la. Vou dar um exemplo: digamos que o cliente esteja em loja e vendo algum produto, o mais comum seria você conduzir a venda sem colocar uma pressão. Entenda que, ao ver uma cafeteira e você esteja apresentando o produto, antes tenha cuidado ao utilizar essa técnica, pois depende muito do tipo do cliente, por se tratar de uma técnica que induz de maneira fechada à compra. Com o passar do tempo, você consegue distinguir o cliente e, ao iniciar a venda, pergunte ao cliente o seguinte: "Sr. Danilo, qual a cor que você mais gosta?" Azul ou vermelho? Hum... E qual modelo você mais gostou? A automática ou manual? Qual é a forma de pagamento? Dinheiro ou parcelado? Vou pegar sua máquina no estoque. Seria para presente ou para você?

Dessa maneira, você não deixa que o cliente raciocine de forma racional e induz o tempo todo sua ação de compra, praticamente um hipnotismo indireto. Lembrando que o uso de perguntas só se faz necessário até certo ponto. Imagine um cliente entrando em loja e dizendo: "quero este produto" por favor. Em nenhuma hipótese venha fazer perguntas a ele, pois ele já veio determinado e, se você fizer uma pergunta que levante uma indagação por parte do cliente, sua venda não será concluída. Aprenda também que o silêncio é uma virtude, meu amigo; o silêncio também é uma forma de vender.

O poder do silêncio na venda é uma ferramenta poderosa, muitas vezes subestimada, e, quando usada estrategicamente, pode criar um ambiente propício para o entendimento e a tomada de decisões. Ao adotar momentos de pausa durante uma negociação, o vendedor demonstra paciência e disposição para ouvir. Isso não apenas permite que o cliente expresse suas preocupações, mas também proporciona insights valiosos sobre suas necessidades.

O silêncio é uma oportunidade para que o cliente pense e processe informações, sem pressões excessivas. Essa reflexão pode levar a respostas mais autênticas e a uma abordagem mais consciente em relação à compra. A expectativa criada pelo silêncio pode incentivar o cliente a compartilhar detalhes adicionais, revelando aspectos importantes que podem ser explorados para personalizar a oferta. Além disso, o silêncio pode ser utilizado como uma técnica de fechamento, estimulando o cliente a se comprometer com a compra.

Após apresentar os benefícios do produto ou serviço, o vendedor pode optar por um instante de silêncio, permitindo que o cliente manifeste sua decisão. Isso cria uma atmosfera em que a iniciativa é transferida suavemente para o comprador. Por outro lado, a leitura do silêncio é crucial. Em alguns casos, o cliente pode se sentir desconfortável com um longo período de quietude. Portanto, é fundamental discernir quando usar o silêncio e quando retomar a interação para manter o fluxo da conversa.

Em resumo, o poder do silêncio na venda reside na sua capacidade de fortalecer a comunicação,

comunicação, promover a reflexão e facilitar uma decisão mais inteligente. Uma abordagem equilibrada, sabendo quando falar e quando permitir o silêncio, pode ser a chave para construir relacionamento sólido e fechar negócios de maneira eficaz.

Aprender a equilibrar o poder do silêncio com a ação de fazer perguntas abre uma porta de vínculo, além de proporcionar múltiplas vendas. Quando vendia, por exemplo, uma cafeteira, tentava ao máximo obter respostas amigáveis, conduzindo a venda ao próximo nível. Imagine a situação? Ao vender uma cafeteira, eu perguntava se alguma visita iria tomar café em sua residência, de prontidão, informava que teriam belíssimas xícaras na promoção, e ao ver as xícaras, perguntava novamente se ele possuía pratos pequenos para conduzir o café da tarde junto com uma saborosa sobremesa, e assim por diante. Mudando um pouco o assunto, o "NÃO" nas vendas é uma ferramenta que muitas vezes é subestimada, mas tem um papel crucial no processo de negociação. Em vez de ser visto como um obstáculo, o "NÃO" pode ser uma oportunidade para entender as objeções do cliente. Ajustar a abordagem de venda. Ao receber um "NÃO", o vendedor tem a chance de explorar as preocupações do cliente, identificar pontos de resistência e oferecer soluções personalizadas. Além disso, o "NÃO" pode ser um indicativo de honestidade por parte do cliente. Em vez de concordar com algo que não atende às suas necessidades, o cliente expressa claramente suas reservas.

Essa transparência é valiosa, pois permite que o vendedor adapte sua proposta de oferta, fornecendo informações adicionais ou ajustando os benefícios do produto ou serviço. O "NÃO" também pode ser um catalisador para a construção de confiança.

Quando o vendedor aceita e respeita a decisão do cliente, mesmo que seja negativa, isso cria uma base sólida para futuras interações. Demonstrar compreensão e profissionalismo diante do "NÃO" contribui para a reputação do vendedor e fortalece a relação com o cliente. É importante lembrar que um "NÃO" não é necessariamente uma rejeição permanente, mas muitas vezes uma resposta condicional ao momento ou às circunstâncias. Manter o relacionamento mesmo após um "NÃO" pode levar a oportunidades futuras quando as necessidades do cliente mudarem.

Em resumo, o poder do "NÃO" nas vendas reside na sua capacidade de abrir diálogo, revelar objeções, construir confiança e criar espaço para adaptação. Ao abraçar o "NÃO" como uma parte inevitável do processo de vendas, os profissionais podem transformar desafios em oportunidades, construindo relacionamentos duradouros e bem-sucedidos.

Com tudo falado sobre o "não", é importante também entender que se deve evitar ao máximo dizer não ao cliente. Estamos falando de vendas e, quando você diz não, forma uma atmosfera pesada. Te trago um exemplo: um cliente entra em uma loja e pergunta ao vendedor se tem um televisor, que ele já pesquisou por diversas vezes e se conscientiza de que aquela é a melhor televisão para ele. Você verifica no sistema e vê que o produto não tem; você vai dizer que não tem? De maneira nenhuma, o certo é você dizer: "Senhor Danilo, no momento essa televisão pode não atender suas necessidades, pois temos um modelo que é muito melhor, o qual verifiquei no sistema. Esse seria perfeito, pois se encontra na mesma linha de preço e sua tecnologia é melhor. Vou até lhe mostrar o que ela faz para você ver que não estou a mentir." Entendeu que eu não disse um não? E conduzir o cliente para um produtor melhor?

Tenha a responsabilidade de sempre conduzir para um produto ou serviço semelhante, ou melhor, nunca para inferior. Como dizia antes, nunca leve o "NÃO" para o lado pessoal; é normal.

No processo de vendas, ouvir um "NÃO" — você vai ouvir essa palavra dezenas de vezes —, mas nunca leve para o lado pessoal ou deixe entrar em seu coração, pois a venda não depende só de argumentos. Existem vários fatores que estão fora de sua alçada e não permitem a finalização da compra.

PÓS -VENDAS

Muitas empresas se perdem no quesito mais importante do comercial. O pós-venda é de suma importância para a sobrevivência de um comércio; não adianta vender sem pensar no amanhã. Um dos maiores pecados de uma empresa é não se atentar para ter um bom pós-venda e ainda não fazer um bom treinamento com seus vendedores para entender que o comprador tem que voltar. Uma das melhores formas de não errar nesse ponto é ter uma boa base de suporte e treinar principalmente a frente de loja, você, vendedor, desempenhando um papel fundamental no sucesso a longo prazo.

Isso vai além da simples conclusão da transação, transformando clientes em defensores da marca. Uma estratégia eficaz de pós-venda constrói lealdade, base sólida para futuros negócios, além de oferecer suporte contínuo. Demonstrar comprometimento com a satisfação do cliente cria uma relação de confiança.

Clientes satisfeitos têm maior probabilidade de

tornarem-se clientes recorrentes. Além disso, podem se tornar promotores, recomendando produtos ou serviços a amigos e familiares, sendo este tipo de situação comum no campo da venda. Uma vez em especial, presenciei uma venda que me deixou bestificado com o empenho de um cliente em um ponto de venda.

Ao começar uma abordagem de tal produto, notei que outro cliente que atendi anteriormente veio ao encontro do meu atendimento; porém, fiquei maravilhado com a performance do meu antigo cliente. Para vocês entenderem, ele conduziu minha venda de forma tão espontânea, parecendo que trabalhava com aquilo. Isso se deu em decorrência de uma boa abordagem e, principalmente, de um rapport de vínculo amigável.

Ele explicou nos mínimos detalhes o produto e como o outro cliente teria o benefício no seu cotidiano, além de explicar como o pós-venda funcionava. Isso me deixou muito feliz, pois sempre trato meus clientes como se fosse a primeira vez, fazendo rapport de forma constante, posso dizer que é a reputação positiva do vendedor. Isso é crucial em um mundo em que as avaliações têm grande impacto nas decisões de compra.

Uma boa experiência pós compra não apenas mantém os clientes, mas também atrai novos. Investir em programas de fidelidade, feedbacks regulares e comunicação proativa são estratégias essenciais para maximizar o potencial do pós-venda. Em última análise, a excelência no pós-venda não apenas impulsiona as vendas imediatas, mas cria uma base sólida para o crescimento sustentável do negócio. Soa como música para meus ouvidos quando escuto um cliente dizer: "Fui muito bem atendido por aquele vendedor, ele realmente entendeu minha necessidade e indicarei ele para meus amigos."

Além de atender aquele cliente que diz: "vim te procurar pessoalmente, pois 'fulano de tal' me indicou e disse que você poderia me ajudar com minhas dúvidas. Entender que o pós-venda não se trata apenas de outros setores, como o de suporte ou similar, faz de você um exemplo na venda.

É importante você, vendedor, entender que existem várias técnicas de pós-venda. Uma maneira de pós-venda é oferecer um desconto exclusivo para a próxima compra, incentivando a fidelização. É uma forma tangível de recompensar a preferência do cliente e encorajá-lo a retornar. Com ajuda da tecnologia e sua organização na tabela de clientes, você também pode enviar mensagens personalizadas, seja em um aniversário de um cliente, datas especiais ou demonstra cuidado e atenção.

Criar um vínculo emocional é fortalecer a imagem positiva da marca.

Seja ela ativa ou receptiva, é de suma importância o fazer diário, semanal ou mensal da comunicação com o cliente. Lembre-se de que o cliente sempre deve voltar ou indicar mais pessoas para seu negócio.

O CORPO TAMBÉM FALA

A linguagem corporal é uma forma de comunicação não verbal que transmite mensagens por meio de gestos, expressões faciais, postura e movimentos. Tal gesto desempenha um papel importante na interação humana, muitas vezes revelando emoções, intenções e atitudes.

A postura ereta pode indicar confiança, enquanto o encolhimento pode sugerir insegurança. Expressões faciais, como sorrisos ou franzir a testa, comunicam sentimentos; o contato visual pode demonstrar sinceridade ou desafio; e gestos como acenar ou apontar enriquecem a comunicação. Por exemplo, cruzar os braços pode indicar defensividade, enquanto mãos abertas podem sinalizar abertura e receptividade.

O toque pode transmitir conforto ou intimidade, dependendo do contexto cultural; ritmo e velocidade dos movimentos também são importantes. Alguém que anda rapidamente pode parecer ocupado ou ansioso, enquanto movimentos lentos podem sugerir relaxamento.

Observar a linguagem corporal pode ajudar a interpretar mensagens ocultas e aprimorar a compreensão interpessoal. No entanto, é essencial considerar o contexto cultural, pois gestos podem ter significados diferentes em diferentes sociedades.

Entender a linguagem corporal e aprimorar habilidades de comunicação permitem ao indivíduo fazer interação mais eficaz. Ao prestar atenção aos sinais não verbais, podemos melhorar nossa capacidade de compreender e responder adequadamente às emoções e intenções dos outros. No mundo das vendas, é importante notar as configurações do corpo, tanto do cliente como sua postura em relação à venda. Passar confiança na hora de uma iniciação ou até em uma objeção faz total diferença para o fechamento de uma importante venda.

Primeiramente, é importante ter um bom contato visual, transmitir confiança pelo olhar, indicando interesse genuíno no cliente.

É importante notar como podemos observar sinais de desconforto, como cruzar os braços ou olhares evasivos, pode indicar resistência às propostas de venda. Adaptação rápida à linguagem corporal do cliente permite ajustar a abordagem de vendas de maneira mais eficaz.

O tom de voz e a expressão facial são componentes cruciais da linguagem corporal nas vendas. Um tom de voz confiante e entusiástico pode cativar o cliente, enquanto uma expressão facial coerente com a mensagem transmite autenticidade. O entendimento da linguagem corporal permite aos profissionais de vendas criar uma atmosfera de confiança, estabelecendo um rapport adaptativo nas suas estratégias e para atender às necessidades individuais dos clientes.

Ao integrar efetivamente a linguagem corporal à abordagem de vendas, é possível aprimorar significativamente a eficácia na conquista e retenção de clientes. Tendo falado de tais assuntos, entramos agora no momento mais técnico da coisa. Existem várias maneiras de incorporar essa estratégia. Primeiro falaremos da linguagem copiada. Uso pouco dessa técnica, pois depende muito de um cliente específico, pois se trata de copiar seus gestos quase como um espelho.

É muito curiosa essa técnica, porém ela te permite se igualar ao nível corporal do cliente. Imagine o cliente estar o tempo todo com a mão no bolso, ou o tempo todo com o braço cruzado, ou até mesmo aquele cliente que não para de tocar no produto.

É importante identificar esse tipo de cliente e fazer isso de uma forma sucinta; automaticamente, o cliente se sente mais confortável ao seu lado e começa a falar mais. Outra técnica que adoro fazer quando estou com o produto físico é a tática, ou linguagem do toque, que desempenha um papel sutil, mas poderoso no mundo das vendas.

O toque apropriado pode criar uma conexão emocional imediata com os clientes, transmitindo

Empatia e confiança. Um aperto de mão amigável no início de uma reunião pode estabelecer uma base positiva, enquanto toques leves durante uma conversa podem enfatizar pontos importantes. No entanto, o toque que mais uso é no produto. Gosto de tocar no produto e o principal é induzir o cliente a tocar e fazer o mesmo, ao ponto de fazer o cliente enxergar o produto em sua posse. Adoro fazer isso...

Entretanto, é crucial ter sensibilidade cultural ao usar a tática, pois as normas variam significativamente em diferentes regiões do mundo. Em algumas culturas, o toque é mais aceitável e esperado, enquanto em outras pode ser percebido como invasivo. Ao adotar a tática, os profissionais de vendas devem estar cientes dos limites pessoais do cliente e garantir que qualquer toque seja respeitoso e profissional. Gestos como tocar o ombro para transmitir apoio ou agradecimento podem ser eficazes quando utilizados com discernimento.

A habilidade de ler a receptividade do cliente à tática é crucial. Se um cliente parece desconfortável com o toque, é fundamental ajustar a abordagem para manter uma interação positiva. Em última análise, a tática bem utilizada pode ser uma ferramenta valiosa para criar relações mais profundas e duradouras no contexto das vendas.

Dito isso, prefiro aconselhar tal técnica, focando o toque no produto ao invés do cliente. Partindo para a próxima técnica, falaremos agora da proxêmica, ou linguagem do espaço. No contexto das vendas, o entendimento adequado da proxêmica permite ajustar a distância física de maneira apropriada durante uma interação de vendas. Ao respeitar as zonas pessoais dos clientes, o vendedor deve criar um ambiente mais acolhedor e confortável. Manter uma distância que seja percebida como respeitosa é essencial para construir rapport e evitar que o cliente se sinta invadido.

A adaptação à proxêmica também pode variar culturalmente, sendo importante considerar as normas sociais de diferentes regiões. Em algumas culturas, um espaço pessoal maior pode ser preferido, enquanto em outras a proximidade física pode ser mais aceitável, como no Brasil, um país caloroso.

A leitura da linguagem corporal do cliente em relação à proxêmica é vital. Se um cliente recua ou demonstra desconforto com a proximidade, é fundamental ajustar a distância para manter uma interação positiva. A proxêmica eficaz pode contribuir para a construção de relações mais sólidas, reforçando a confiança do cliente e otimizando o processo da venda.

Tenho de falar também que, ao se criar um espaço, é importante colocar o objetivo a ser vendido no contexto. Afastar-se mais do produto faz com que o cliente se aproxime para tocá-lo e, ao contrário, faz o cliente ficar com receio de tocá-lo. Por isso, a importância de demarcar a área é

Ideal que você concilie ambas as situações: afaste quando quiser fazer o cliente tocar no produto e aproxime quando quiser que ele preste atenção em sua oratória. Isso você fará de forma dinâmica e natural.

Com o tempo, ganhará confiança para poder colocar em prática todas as técnicas que foram apresentadas nesse livro de forma simples. Deixarei agora alguns contextos para que você se atente à linguagem corporal. Primeiramente temos a famosa "mão na cintura" É um sinal que indica impaciência e pressa para resolver um determinado assunto, e com certeza você já pôde notar um cliente assim.

Olhar desfocado costuma indicar confusão mental ou desinteresse no que está sendo dito ou apresentado. Tenha certeza de que o cliente esteja focado em você ou no produto. O olhar fixo pode indicar diversos tipos de sentimento; por isso, aqui, o importante é tentar analisar para onde a pessoa está olhando. Uma dica é, caso seja um olhar, predominantemente, para o chão, ele pode denotar vergonha ou até mesmo um desânimo. Caso seja fixo para você, demonstra interesse no que você diz; caso o olhar esteja fixo no produto, demonstra interesse no que ele busca. Com relação à mão na boca, colocar a mão na boca ou em suas proximidades normalmente indica que a pessoa está interessada ou não sabe do que está falando.

Quando uma pessoa com quem você está conversando enruga a testa, raramente é um bom sinal. Isso porque essas linhas de expressão contraídas significam dúvidas, tensão e até nervosismo.

No caso dos lábios comprimidos, de certa maneira, lembra um pouco os sinais que a mão na boca envia, que são os de evitar dizer algo. Aqui, no caso, não significa faltar com a verdade ou argumento, mas sim não se comprometer com uma opinião polêmica ou contrária, por exemplo. Na postura neutra, como o próprio nome já diz, passa um ar, uma ideia de neutralidade, de que você só está assimilando as informações sem qualquer tipo de julgamento. As pernas cruzadas, posição, também dizem muito sobre o cliente. Quando elas estão cruzadas, podem demonstrar confiança e firmeza, mas cuidado para o cliente não ficar uma conversa inteira nessa posição, pois ela também pode denotar falta de abertura para o diálogo. Já os braços cruzados são um clássico comportamento pacificador, que Navarro defende em seu livro.

Como podemos notar, existe um mundo na linguagem corporal. O que escrevo é uma beira dessa matéria, mas sinto-me na obrigação de narrar sobre o assunto, pois é de suma importância você, vendedor, se atentar e estudar sobre o tema. Com certeza é um tempo bem gasto para aprimoramento do intelecto.

PERSUASÃO

A linguagem persuasiva desempenha um papel vital. Utilizar palavras positivas, transmitir confiança e evidenciar benefícios específicos para ajudar a influenciar a decisão de compra. O uso eficaz de histórias de sucesso ou depoimentos pode validar a proposta de venda, criando confiança no cliente em potencial. Se o cliente sentir que o vendedor está genuinamente interessado em atender às suas necessidades, será mais receptivo à persuasão.

A empatia é uma ferramenta poderosa; compreender as preocupações e expectativas do cliente permite ajustar a abordagem de vendas de maneira mais eficaz. Além disso, é crucial destacar características únicas e diferenciais competitivos. Mostrar como um produto se destaca no mercado e oferece valor exclusivo pode persuadir os clientes a escolherem essa opção sobre as alternativas disponíveis.

É importante você entender que persuasão é totalmente diferente de insistência.

A insistência é um comportamento que muitos vendedores cometem, às vezes por falta de entendimento ou por desespero de não estar bem nas vendas, ou não conseguir atingir a meta que está no último momento. É interessante notar que esse comportamento está bem explícito em lojas de rua ou shoppings.

A insistência pode ser verbal ou comportamental, e a forma mais comum, a meu ver, é a comportamental. Já entrou em uma loja em que o vendedor ficou praticamente (24h) na sua cola, como se fosse um perfume impregnado no seu espaço, não deixando o cliente ao menos respirar? E muitos vendedores, por medo de ser insistente, nem atendem o cliente, ficando longe dele ou ficando que nem um fantasma.

É necessário existir um equilíbrio entre a cordialidade e o espaço de abordagem. É preciso medir um espaço para que você se distancie a um ponto que deixe o cliente à vontade e próximo para conseguir atendê-lo de prontidão à sua necessidade ou dúvida. Falado na insistência, daremos continuidade para falarmos do poder da persuasão, que é um fator importante e essencial na hora da venda propriamente dita. A persuasão é uma dinâmica que está igualada à formulação da objeção, assunto esse que não irei me estender, pois a objeção vem do conhecimento técnico que você tem da área, mercado e produto. Vai ser natural uma quebra de objeção quando você conhece bem seu ramo de produto. Outro fator não menos importante é conhecer bem o público com o qual trabalha.

Todo esse assunto da objeção gira em torno das técnicas e informações que você deve ter e, nesse caso, o que te aconselho é que estude e pesquise diariamente sobre o mercado, seu produto, produto concorrente, produto similar, como anda a procura do seu serviço ou produto e qual é a tendência de futuro para ambas as partes. É necessária essa entrega na busca de conhecimento.

RAPPORT

O rapport nada mais é do que criar um vínculo com o cliente para poder ter um acesso mais íntimo ou criar uma conexão, seja ela afetiva ou com interesses de valores, para que se tenha um processo de vendas, que, na minha opinião, se torna mais humano.

No rapport existem três fases que você precisa dominar ou ao menos entender, para se criar um case de sucesso entre você e seu comprador. Essas três fases são: pré-rapport, o rapport imediato e o rapport contínuo.

Pré-rapport é o primeiro passo na venda, principalmente para quem trabalha na venda consultiva e clientes do segmento B2B.

Nesse início, você busca o máximo de informação sobre a pessoa com quem irá fazer o negócio, para vir criar um interesse em você e sua venda. Imagine você tentando vender um produto para uma certa empresa, e você irá tratar desse assunto com Rafael, do setor de Compras. Digamos que essa venda irá acontecer daqui a 4 dias; esse período é o tempo para você poder elaborar um briefing e conseguir ter sucesso.

Hoje, graças à tecnologia e aplicativos de relacionamentos, temos acesso a informações que nos ajudam e que são uma "mão na roda" para nosso segmento. Você poder conhecer a empresa e, principalmente, a pessoa com quem você irá negociar é um grande passo e uma arma carregada de informações importantes. Ferramentas como Facebook, LinkedIn, Instagram, status do WhatsApp e sites. Permitem-lhe ter acesso muitas vezes ao íntimo de uma pessoa, vendo o que ela gosta de fazer, quais os assuntos de que mais gosta de falar, quais os lugares que essa pessoa mais anda, etc.

Entender que, mesmo que você esteja fazendo uma negociação PJ, você estará tratando com uma pessoa física e existe um lado humano. Imagine uma negociação em que você começa a falar de algo com o que essa pessoa sente afinidade ou, no meio da negociação, você induz o cliente a falar de algo.

particular que ele goste, a lugares que ele foi recentemente e que você soube. Claro que tem de estar vinculado à venda para não perder o foco. Isso é o que chamo de um pré-rapport; conseguir extrair informações que podem te ajudar em uma negociação é muito importante para o sucesso da venda.

Na segunda parte, temos o rapport presente. Na categoria de vendedores que trabalham com o público B2C, não se tem tempo para a pesquisa de dados importantes sobre o cliente. Falo daqueles vendedores de loja de rua ou shopping, que precisam atender o cliente de imediato. No entanto, entra uma ferramenta que se chama atenção aos detalhes.

Essa hora em que o vendedor precisa estar atento a qualquer informação para que se venha a entender o processo da venda, e você, vendedor, conseguir extrair uma informação particular do cliente, faz uma grande diferença para se criar esse vínculo com o cliente.

Por último, tem o rapport contínuo, que é um rapport utilizado no pós-venda para manter um laço mais estreito com o cliente. Manter esse cliente engajado com você é de suma importância para que ele sempre venha recorrer aos seus serviços.

Nesse processo existem várias formas de manter esse rapport, por meio de mensagens por whatsApp, mensagens de e-mail, envio de brindes sem ele ao menos esperar, amostras grátis para que ele venha testar um produto ou serviço e até convites para uma exposição ou experiência que esteja relacionada à sua área de vendas.

Em geral, a construção de um rapport eficaz é crucial para o sucesso em negociações e parcerias. Ao estabelecer uma atmosfera de confiança mútua, as partes envolvidas se sentem mais confortáveis para compartilhar informações, o que contribui para decisões mais informadas e colaborativas. Na esfera pessoal, o rapport desempenha um papel vital em relacionamentos.

amorosos, familiares e de amizade. A capacidade de compreender e se conectar emocionalmente com os outros promove um ambiente de suporte e compreensão mútua. Além disso, o rapport é essencial no contexto empresarial. Vendedores que cultivam uma boa relação com os clientes criam um ambiente propício para as amizades, incentivando a participação e o desenvolvimento social.

A prática do rapport também é valiosa na área da saúde. Profissionais de saúde que estabelecem uma conexão positiva com os pacientes promovem uma relação de confiança, facilitando o entendimento mútuo e, consequentemente, impactando positivamente os resultados dos tratamentos.

Equipes que cultivam um bom rapport tendem a ser mais produtivas e colaborativas. A comunicação eficaz promovida pelo rapport reduz mal-entendidos e conflitos, contribuindo para um ambiente de trabalho.

Em resumo, a importância do rapport é vasta e permeia diversos aspectos da vida. Ele não apenas facilita a comunicação, mas também promove relações mais profundas e enriquecedoras, sendo uma habilidade valiosa em qualquer contexto da sua vida.

P.I.P
PROPOSTA INDIVIDUAL PERSONALIZADA

Semelhante ao rapport, o P.I.P. trata de uma humanização na abordagem do cliente, atuando de maneira exclusiva e única em seu atendimento. Como foi dito anteriormente, a robotização no padrão de atendimento está em alta. É preciso fazer o diferencial, e é aí que você tem a oportunidade de fazê-lo na sua iniciativa e no andamento da venda.

Imagine que você precise realizar um primeiro contato com o fornecedor de uma certa empresa, e nessa prospecção você trate de seu serviço ou produto de forma fria, sinalizando os benefícios, características e preços. Provavelmente, você será mais um entre muitos que já ofertaram nesse funil de concorrentes. Agora imagine você fazer uma apresentação com slides mostrando a área em que o cliente atua, como a empresa dele está no mercado atual, o que seus concorrentes estão fazendo que a empresa poderia melhorar ou até fornecer uma nova demanda, incluir fotos da empresa dele e como está sendo sua avaliação no mundo virtual. Esse fornecedor, no mínimo, vai ficar curioso para conhecer você ou perguntar sobre algo relacionado. É praticamente um dossiê da empresa e que você está realmente preocupado em ajudar com seus serviços ou produtos. Nota-se com clareza que o cuidado nos detalhes faz a diferença para uma boa negociação, até mesmo para você entender a quem está sendo direcionada sua marca e como sua marca pode ajudar naquele segmento, quase uma pesquisa científica também.

Ao elaborar uma proposta personalizada, é essencial começar compreendendo as necessidades e expectativas do cliente. Realizar uma análise aprofundada para identificar os requisitos específicos e os objetivos a serem abordados. Essa proposta é uma introdução envolvente, destacando sua compreensão única da situação e a capacidade de oferecer soluções personalizadas.

Divida a proposta em seções claras, abordando pontos como escopo do projeto, prazos, orçamento e metodologia. Apresente de forma clara e concisa os benefícios que sua proposta trará ao cliente, destacando diferenciais e vantagens competitivas.

Destacar a equipe envolvida, suas habilidades e experiências relevantes, construirá confiança no cliente quanto à capacidade de execução do projeto. Integre depoimentos ou casos de sucesso para reforçar sua credibilidade.

No que diz respeito ao orçamento, forneça uma estimativa detalhada dos custos envolvidos, assegurando transparência e evitando surpresas. Um detalhe importante ao elaborar uma proposta é fornecer de duas a três, para que ele venha a escolher o melhor serviço naquele momento Demonstre flexibilidade, mesmo que não as tenha no momento, para prover empatia.

Inclua um plano de execução detalhado, destacando as etapas do projeto, marcos importantes e a metodologia que será aplicada.

Mostre como você pretende superar desafios potenciais e garantir a qualidade. Não se esqueça de destacar políticas de garantia, suporte pós-implantação e formas de avaliação contínua do projeto para garantir a satisfação do cliente a longo prazo.

Encerre a proposta com uma conclusão persuasiva, reiterando os benefícios e destacando a singularidade da abordagem oferecida. Inclua um chamado à ação claro, incentivando o cliente a aceitar a proposta. Revise cuidadosamente a proposta para garantir clareza, coesão e ausência de erros. Certifique-se de que todas as informações relevantes foram abordadas para poder fazer uma entrega totalmente única e inesquecível.

MERCHANDISING

Para quem trabalha com lojas ou na área do marketing, é preciso entender que existe uma relação indispensável com a venda. Falo do merchandising para expor o visual do que você trabalha, seja ele virtual ou físico. Na área virtual, é mais acessível vermos uma posição de marca, produto ou ideologia da empresa.

Quando assistimos a uma série e vemos um objeto com a marca de um produto, um pop-up de um site, um carro de som anunciando, etc. É notório assimilar com a propaganda, mas merchandising trabalhado no físico é mais subconsciente, deixando a mente do cliente trabalhar mais o lado inconsciente. Vou trazer alguns exemplos que um cliente não saberia e que está tão acostumado que é imperceptível para um não comerciante. Primeiro começamos com a vitrine de uma loja; esse espaço arrumado é uma fonte de atração para o cliente. É possível notar que uma boa vitrine tem uma boa gama de produtos de forma organizada, que faz todo um sentido na arrumação.

Uma gôndola de mercado fala muito sobre o negócio. Por exemplo, caso esse espaço não esteja organizado de forma correta ou, até mesmo, não seja constantemente higienizado, certamente irá transmitir um efeito negativo para os clientes que frequentam o estabelecimento.

Além de possivelmente o cliente sair de mãos vazias, a falta de cuidado e atenção à gôndola pode afetar a confiança do cliente sobre o negócio. Nesse sentido, é extremamente importante manter a organização e limpeza das gôndolas do supermercado.

Com relação ao preço, algumas lojas utilizam o estilo americano, colocando os produtos mais caros na frente da loja e os mais baratos no fundo, fazendo com que o cliente, de forma automática, entre para verificar todos os preços e faça com que olhem todos os produtos. Além de colocar os produtos mais caros na altura dos olhos, para que o cliente pesquise toda a prateleira, caso esteja procurando preço.

A disposição dos produtos deve ser lógica, facilitando a navegação do cliente. Utilizar expositores chamativos para itens específicos mantém as prateleiras organizadas e limpas para transmitir profissionalismo.

A sinalização clara de preços evita confusões, a iluminação adequada valoriza os produtos, criando uma atmosfera agradável. Investir em comunicação visual eficiente inclui banners e cartazes atrativos também. Treine a equipe para oferecer informações sobre produtos de maneira persuasiva; isso irá fazer toda a diferença.

GATILHOS MENTAIS

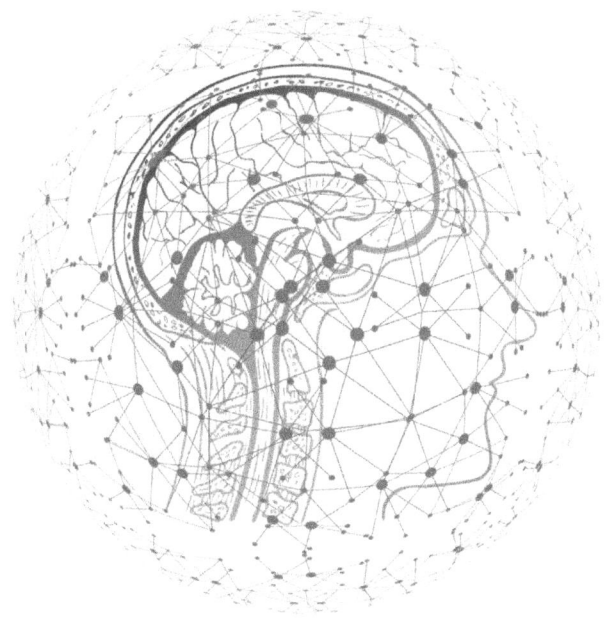

As técnicas de vendas são importantes para o aprendizado de qualquer vendedor. Por meio delas, é possível conquistar e persuadir seus clientes, aumentar as vendas e fidelizar os consumidores. Mas venho salientar que não precisa colocar tudo em prática ou seguir de forma robótica. Uma das técnicas mais conhecidas é a abordagem consultiva. Estratégia essa que cria a oportunidade de entender as necessidades e desejos do cliente para oferecer soluções personalizadas. Texto tratado anteriormente.

Essa abordagem foca em construir um relacionamento de confiança e em se colocar no lugar do cliente, identificando suas dores e oferecendo uma proposta de valor que atenda às suas necessidades, focando no benefício.

Outra técnica comum é a técnica de venda por objeção. Nesse caso, o vendedor deve estar preparado para lidar com as possíveis objeções dos clientes, seja em relação ao preço, características do produto ou qualquer outra.

questão que possa gerar dúvidas na mente dele. O objetivo é contornar essas objeções de forma assertiva, apresentando argumentos sólidos e persuasivos que demonstrem os benefícios do produto ou serviço. Além disso, é importante utilizar técnicas de fechamento de vendas. O objetivo dessa técnica é conduzir o cliente a tomar a decisão final de compra, seja por meio do uso de gatilhos mentais, como a escassez de produto, ou por meio de negociações e descontos especiais.

O vendedor deve estar preparado para utilizar diferentes estratégias de fechamento, adaptando-se ao perfil do cliente e buscando atender suas expectativas. Outra técnica que não pode ser deixada de lado é a habilidade de comunicação. O vendedor deve ser claro, objetivo e assertivo em sua comunicação, transmitindo as informações de forma clara e envolvente.

Também saber ouvir o cliente, compreendendo suas necessidades e oferecendo soluções eficientes. Por fim, a técnica de pós-venda é fundamental para garantir a satisfação do cliente e fortalecer o relacionamento. Após a venda, o vendedor deve manter contato com o cliente, buscando feedbacks, oferecendo suporte e criando um vínculo de confiança. Um cliente satisfeito tem maior probabilidade de indicar você para outras pessoas.

Em resumo, as técnicas de vendas são ferramentas essenciais para o sucesso de qualquer vendedor. Dominar essas técnicas, aliadas a uma boa comunicação e habilidades de relacionamento, contribuirá para aumentar a eficácia das vendas, conquistar e fidelizar clientes. Tendo escrito um breve resumo, iremos adentrar no âmbito de cada aspecto dos gatilhos mentais, como podemos utilizá-los e contar como funciona na prática, pois é isso que queremos saber de fato.

Para cada técnica aqui destrinchada, irei falar de histórias reais que aconteceram comigo, porém só irei relatar uma por vez, pois, se eu for falar de cada história, seja ela engraçada, triste, misteriosa, vergonhosa, aquelas que deram erradas, as cômicas e as que fiz amizades. Iria fazer outro livro dessas histórias.

GATILHO DA URGÊNCIA

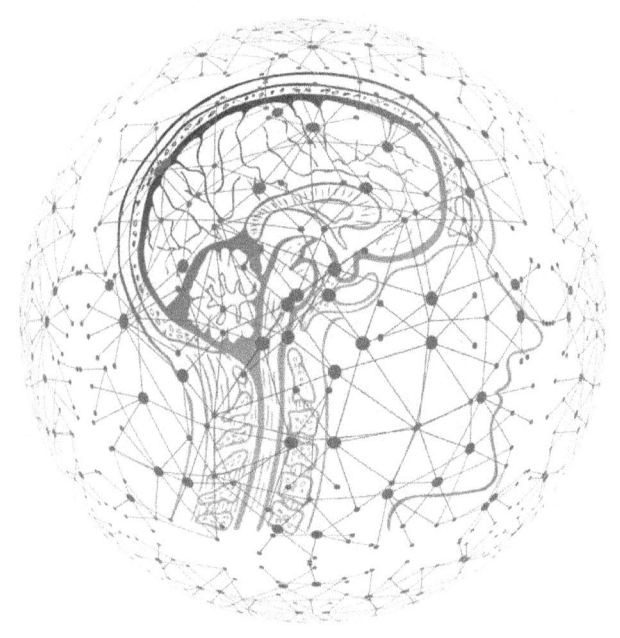

Iremos começar pela técnica da urgência, que é uma ferramenta preciosa no arsenal do copywriting, capaz de impulsionar a ação imediata na decisão do cliente, criando um senso de limitação temporal. Essa abordagem estimula a decisão rápida. Há diversas maneiras de incorporar a urgência em mensagens persuasivas. Introduzindo ofertas por tempo limitado, é possível destacar descontos exclusivos, promoções irresistíveis ou produtos que estarão disponíveis apenas por um curto período.

A estratégia de contagem regressiva, seja por meio de timers online ou contadores regressivos, intensifica a percepção do prazo limitado para uma oferta. Apresentar produtos como edições limitadas, com disponibilidade restrita, cria uma sensação de exclusividade que motiva a compra imediata do serviço ou produto.

É crucial, no entanto, que, ao utilizar a urgência, suas mensagens sejam transparentes e honestas. A percepção do valor real da oferta é fundamental para construir confiança e relacionamentos duradouros com os consumidores. Ao equilibrar a urgência com a integridade, as estratégias de copywriting podem atingir resultados impressionantes, impulsionando o engajamento e as vendas.

Geralmente, só utilizo essa técnica em atos promocionais da empresa, sendo utilizada de maneira mais agressiva nos dias finais da campanha que nos é dada. Falar sobre datas, terminais e números faz com que o cliente venha a ter esse senso de urgência. Lembro que essas campanhas, iniciadas principalmente na Black Friday, despertavam também o meu senso de urgência. Nesse período, a empresa necessitava de horas extras e fazia assinar um contrato para que eu pudesse estender meu horário.

Com tudo, eu fazia sem a empresa saber, mais horas extras sem bater o ponto. Você pode até achar loucura, mas fazia isso, pois tinha a convicção de que era necessário para poder

Vender mais e melhor, conseguindo arrumar meu ambiente e poder atender mais clientes, era sofrido, mas dava certo.

Esse tipo de técnica acho chato e, ao mesmo tempo, engraçado de utilizar, pois vivemos em um ambiente comercial que tem várias pessoas que se dizem vendedoras e gestores que utilizam de forma errônea e aleatória. Quem nunca ouviu falar "corram que é só hoje"? Por isso, acho chato. No entanto, como sou um vendedor que gosta da verdade, quando venho falar sobre o bendito "é só hoje ou daqui a pouco se encerra" e vejo o cliente voltar, na ilusão de que ainda tem tempo, dou risada por dentro, pois tinha acabado de avisar, e ele não me escutou ou achou que eu estava mentindo para ele. Não o culpo por ter achado que era mais um papo de vendedor, pois vejo vendedores de má índole utilizando tal artifício.

GATILHO DA ESCASSEZ

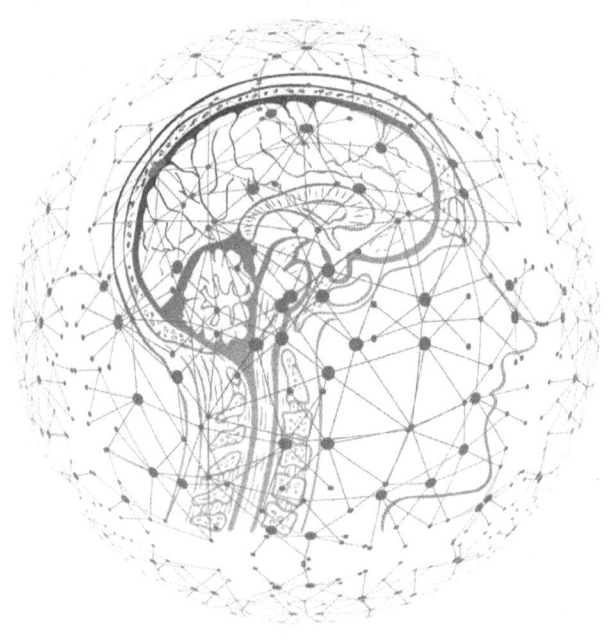

Diferente do gatilho da urgência, que utiliza o tempo para pressionar a venda, o gatilho da escassez induz o cliente a focar na falta do produto ou serviço. Lembro-me de uma cena que até hoje não me esqueço e que me rendeu risadas o dia inteiro com meus amigos.

Em uma viagem de férias, eu e meus amigos fomos ao supermercado para comprar suprimentos para uma casa que alugamos para o final de semana; até aí tudo bem. Entramos no supermercado felizes por estarmos unidos pela primeira vez, sem ser para trabalho, andando pelos corredores com o carrinho de compra na metade. Me aparece um locutor, com o charme e o frenesi do Ciro Bottini.

Todo animado, com o microfone em uma mão e, na outra, pequenos papéis; até aí tudo tranquilo, porém, com uma bela locução de uma história de escassez de oferta, foram chegando várias pessoas e aí começou a loucura. Eu estava começando a prestar atenção na sua locução, e em um determinado momento, me peguei com um papelzinho em mãos que me dava direito a uma oferta exclusiva, que só daria direito aos clientes com esse bilhete em mãos.

A locução foi ganhando proporções sem precedentes e um aglomerado de 50 pessoas estava em sua volta, quase que nem selvagens, e o pior, não sabíamos ainda do que se tratava, já estávamos frenéticos com a situação. Com toda a algazarra fermentada, foi pedido que somente os clientes com esse papel em mãos teriam direito, e que agora era para acompanhar esse locutor até próximo ao caixa.

Aí que vem a parte engraçada, meu amigo, que era conterrâneo da cidade e conhecia o supermercado, me falou que, da última vez que fizeram essa ação dentro do supermercado, todos os itens do carrinho foram pagos por conta do lojista.

Rapaz... Para que ele foi me dizer isso? Imagine a oferta em andamento, todos seguindo o locutor.

e logo entrei no modo frenético 220V para poder encher o carrinho com todas as coisas possíveis da loja. Um carrinho de compras que estava em metade com alimentos agora estava até o talo de coisas, desde utensílios de cozinha até aparelhos eletrônicos.

Chegando ao destino da ação promocional, como um louco varrido, com todos me olhando, inclusive meus amigos, que não movimentaram um músculo para encher o carrinho. O locutor diz que a oferta era uma TV de 40 polegadas por 48x de R$ 39,90. Isso foi o suficiente para as pessoas pegarem as TVs como loucas, só enxergando o valor de R$ 39,90, e eu fiquei com cara de paisagem e com vontade de voar no pescoço desse Ciro Bottine fajuto.

Tive que devolver os itens e passar no caixa como se nada tivesse acontecido. Depois que saí do supermercado, fiquei rindo o dia todo com meu ato compulsivo da oferta especial e o futuro pagamento das minhas compras.

Esse foi um exemplo de como esse gatilho pode despertar uma fera indomável da compra dentro de você. Ao explorar a escassez de maneira ética e transparente, as empresas podem fortalecer as relações com os clientes, proporcionando-lhes benefícios exclusivos e recompensando a lealdade. No entanto, é essencial equilibrar essa estratégia para evitar a criação de pressão excessiva, como foi meu caso no supermercado, o que pode levar a experiências negativas.

Em resumo, o gatilho da escassez na venda é uma ferramenta poderosa para impulsionar a ação do consumidor, capitalizando a necessidade humana inata de adquirir algo único e limitado. Integrar essa estratégia de forma consciente pode contribuir para o sucesso das campanhas de marketing e aumentar a eficácia das práticas de vendas e técnicas que funcionam muito bem com aglomeração de público, gerando também assim o efeito manada.

GATILHO DA AUTORIDADE

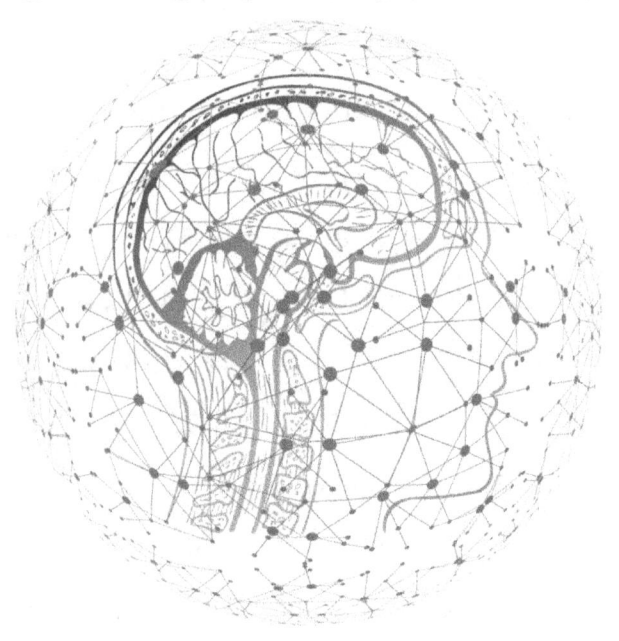

Esse é um gatilho que me enche o peito ao realizá-lo. Passar autoridade no assunto e no produto é realmente gratificante, pois é nesse momento que posso repassar o conhecimento e fazer o cliente entender o que ele está realmente levando para casa.

É necessário fazer a ativação de gatilho conforme o ambiente e o produto a ser vendido. Colocamos primeiramente a autoridade visual. Imagine que você esteja recebendo uma ação judicial e precisa procurar um bom advogado. Seu amigo, vendo sua situação, indica um excelente profissional; inclusive, esse profissional cuida dos casos judiciais da empresa do seu amigo. Então, ele te passa o contato e você marca uma consulta.

Chegando ao local, você se depara com uma pessoa de bermuda, camisa e boné. Por mais que ele seja o melhor da área, até você, meu caro leitor, ficaria com receio de se consultar com esse profissional, pelo simples fato de uma vestimenta. Que, a meu ver, existe a ocasião correta para que

Use trajes formais e informais; nesse caso, o ideal é que este profissional siga um padrão pré-estabelecido. Não é preconceito com o visual de cada indivíduo, mas nossa mente segue também instintos inconscientes em nossa mente. Confrontar-se com um advogado trajado de terno e gravata é o menos esquisito e não quebraria um padrão que idealizamos antes mesmo de conhecer o indivíduo.

Então, vista conforme a ocasião. O mesmo pode se tratar para todos os profissionais de qualquer área. É natural que um mecânico tenha um uniforme, um médico, um policial, um garçom, um vendedor de picolé na praia, etc.

Cada um tem um padrão para não criar confusão na mente do cliente. Outro gatilho é autoridade na oratória, essencial para todos os vendedores. É o famoso "lábia de vendedor", como muitos dizem por aí. Essa característica deixa o vendedor bem mais interessante, ao ponto de soar como música.

para os ouvidos do cliente. Também difere de setor para setor; alguns precisam de uma oratória mais dinâmica, outros mais calma, outros com um tom de voz mais alto para poder chamar atenção na voz e por aí segue.

Por fim, a autoridade de conhecimento técnico sobre o assunto. Como foi dito anteriormente, é necessário um estudo aprofundado do seu ramo e produto, pois assim você vai poder passar o assunto com uma tranquilidade quase divina, sem gaguejar e sem ficar nervoso ao passar seus conhecimentos.

GATILHO DO EGO

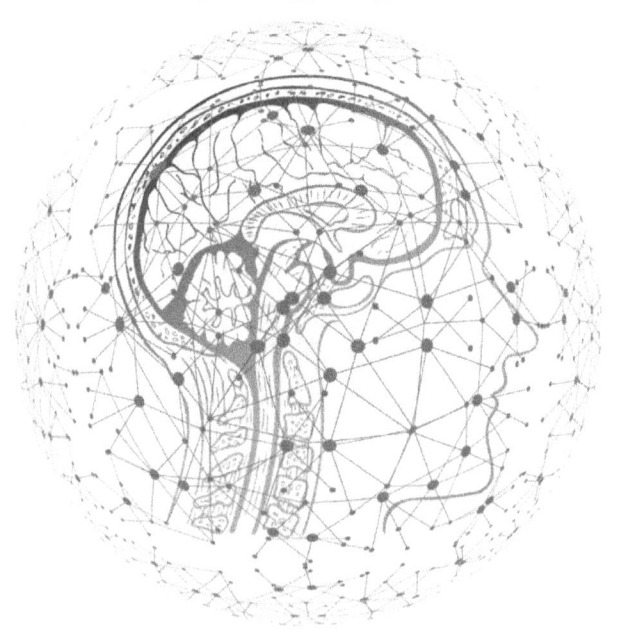

Essa é uma técnica bem perigosa de se colocar em prática, porém preciso descrever como é utilizada e confesso que a utilizei algumas vezes. Essa prática mexe com o ego do humano. O ego desempenha um papel significativo na tomada de decisões de compra, influenciando as escolhas e preferências dos consumidores. Ao buscar a satisfação de necessidades emocionais e sociais, o ego muitas vezes se manifesta na escolha de produtos e serviços que projetam uma imagem desejada. Marcas e produtos tornam-se extensões do self, refletindo valores, aspirações e identidade.

A busca por status e reconhecimento pode ser satisfeita por meio de itens de luxo ou marcas renomadas, que servem como símbolos de sucesso e prestígio. Por isso, não gosto de usar esse artifício, mas tem clientes que pedem para ser utilizado. Vou retratar um atendimento que tive com uma cliente.

Estava eu, em um ponto de PDV, quando me chega uma cliente muito mal-educada. Logo chegou

Colocando defeito em meus produtos e dizendo que não prestava, pacientemente fui tentar contornar aquele furacão; não sei nem o porquê de ela ter chegado assim. Porém, disse querer uma cafeteira simples, que era só para atender às visitas.

Ao terminar de dizer isso, chegou uma amiga sua e me ignorou. Saí um pouco de perto e fui prestar atenção em sua conversa. Sou vendedor, não perco oportunidades por nada nesse mundo. Ao prestar atenção em sua conversa, essa cliente falava que tinha várias empresas, dois carros, várias casas, inclusive uma na praia, e disse também que estava procurando outra. Pronto, ali eu sabia qual era a técnica exata a ser utilizada; só esperei o momento do término da conversa e, ao finalizar a conversa, a cliente me retorna para reatar nossa conversa.

Quando ela foi abrir a boca, logo a interrompi. Senhora Fulana, não é o seu momento de adquirir uma de nossas cafeteiras; tenho a impressão de que a senhora não está preparada para poder adquirir essa marca; essa marca é muito moderna e são poucas as pessoas que a possuem devido à sua exclusividade.

Essa cliente me olha com cara que, se eu fosse traduzir, eu diria que foi mais ou menos assim: "Como é a história?" Você acha que não tenho nível ou dinheiro para poder comprar? E depois veio a cara de confusão, aí logo entrei. Porém, como a senhora tem uma casa na praia, não seria perfeito essa máquina mais simples? Tenho uma excelente, que inclusive pode ficar em locais com intensidade de maresia e vai ficar como uma obra de arte em sua sala. Suas amigas vão somente olhar para ela e dizer: "Onde você conseguiu comprar essa cafeteira?".

Isso mesmo o que você leu; ela iria, de início, comprar a cafeteira, mas, caso a pessoa que a possui, devido à sua exclusividade.

Em resumo, o ego na necessidade de compra é um fenômeno complexo, em que as decisões são moldadas por aspirações individuais, influências sociais e a busca por uma identidade autêntica em um mundo de opções de consumo. E repito, é perigoso e até o momento não me deu dor de cabeça, mas caso falhasse, eu teria uma confusão arrumada.

GATILHO DO MOVIMENTO

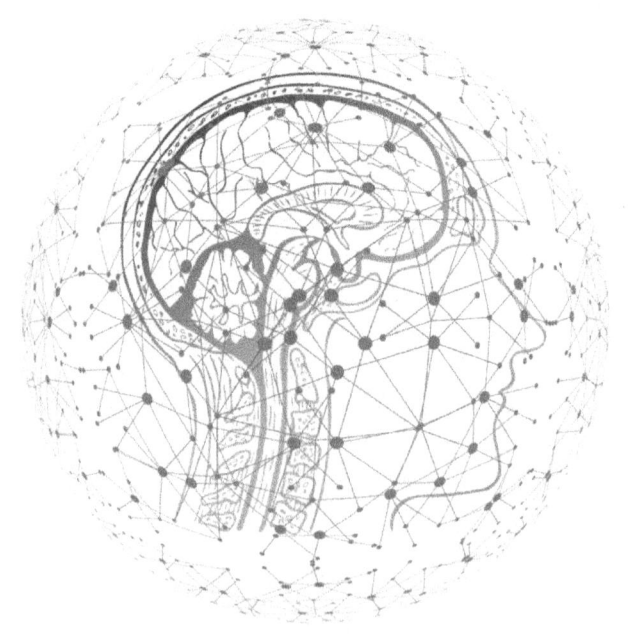

O gatilho do movimento é essencial para quem trabalha em lojas com rotatividade de entra e sai de clientes; vou dar um exemplo bem prático. Quando você entra em um supermercado e precisa de ajudar automaticamente você vai atrás da pessoa que está arrumando as mercadorias, setor esse duas pessoas uma parada e outra arruma do é quase instintivo que você vá em direção da pessoa que esteja trabalho, isso desperta que se a pessoa está parada, não queremos atrapalhar seu silêncio.

Isso também se nota em uma loja tipo que vende sapatos e na porta tem 8 vendedores. Na porta, isso te inibe de entrar; você pensa que os 8 vendedores irão te atender, mas se esses 8 estiverem organizando alguma coisa dentro da loja, você sente mais conforto ao entrar, pois pensa que vai ficar mais à vontade e sem uma pessoa colocando uma pressão.

A rotação adequada de pessoas dentro da loja é essencial para que se tenha um ar de vida no ambiente, também não é para ficar se movimentando freneticamente na loja, mas tenha em mente que é necessário um equilíbrio; sempre há algo para fazer. Se não tiver nada, organize; se não tiver nada para organizar, limpe o ambiente. Como disse, sempre há algo para fazer. Nesse capítulo, não preciso me estender, pois ficou bem clara a explicação.

GATILHO DA RECIPROCIDADE

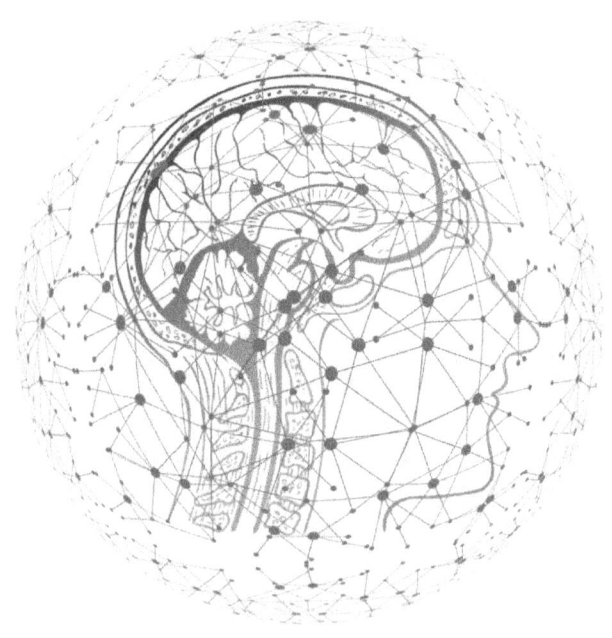

Antes de falar sobre o gatilho da reciprocidade, é importante saber do que se trata. Nossa mente toma centenas de decisões a cada minuto, e muitas delas ocorrem no subconsciente, de forma que, em grande parte das vezes, nem percebemos. Além de tudo isso, não podemos deixar de falar que, quanto mais a sua marca encontrar formas de atingir positivamente os clientes e incentivá-los a devolverem esse esforço pelo seu atendimento, ainda mais na era da competitividade. Perceba que as possibilidades são variadas, bem como os benefícios.

Em situações cotidianas, pequenos gestos de cortesia podem desencadear a reciprocidade. Ao receber algo inesperado, as pessoas muitas vezes se sentem compelidas a retribuir, estabelecendo laços mais profundos. Esse gatilho é explorado em diversas áreas, desde estratégias de marketing até interações sociais.

Empresas frequentemente oferecem brindes ou amostras grátis, antecipando que os consumidores se sintam inclinados a comprar. É crucial, no entanto, que as ações sejam autênticas e genuínas para que o efeito da reciprocidade seja positivo. A tentativa de manipulação pode gerar desconfiança. Em relacionamentos pessoais e profissionais, a prática da generosidade desinteressada fortalece os vínculos. Ao compreender o gatilho da reciprocidade, podemos usar esse conhecimento para construir conexões significativas.

É uma ferramenta que, quando utilizada com sensibilidade, pode criar um ambiente favorável à colaboração e cooperação mútua. No entanto, é essencial agir de maneira ética, evitando manipulações que possam comprometer a integridade das relações.

Portanto, ao reconhecer e praticar a reciprocidade de forma genuína, podemos fortalecer nossas conexões interpessoais e contribuir para um ambiente mais colaborativo e solidário. Um exemplo disso é quando eu tive um estabelecimento no ramo de lanches e bebidas.

Quando era final de semana, eu providenciava caldeirões de caldinhos e colocava uma meta; em um determinado horário, eu começava a esquentá-lo e, quando os clientes chegavam, eu vinha com uma bandeja com pequeninas porções de caldinho, fazia aquela propaganda e pedia para o cliente provar. Caso aprovasse, estaria de prontidão, sem demora e quentinho. Era automática a reciprocidade; sempre pediam. Não digo tanto que era pelo caldinho, mas pelo atendimento e pela amostra grátis.

Uma boa dica também é a amostra grátis, porém é necessária uma boa estratégia para não gastar dinheiro e despertar a vontade do cliente em usufruir por completo o produto ou serviço. Funcionando como um chamariz para atrair clientes e demonstrar a qualidade de um produto. Essa tática visa conquistar a confiança do consumidor, permitindo que ele experimente antes de comprar.

Ao oferecer amostras grátis, as empresas podem

criar uma conexão emocional com os clientes, gerando lealdade à marca. A amostra grátis não apenas mostra o valor do produto, mas também abre oportunidades para feedback valioso. As opiniões dos consumidores durante a fase de amostras podem ser cruciais para ajustes finos no produto ou na estratégia de marketing. Além disso, a distribuição de amostras em eventos ou lojas pode gerar buzz nas redes sociais, ampliando o alcance da marca.

A abordagem da amostra grátis é particularmente eficaz em setores como cosméticos, alimentos e produtos de cuidados pessoais. Os consumidores estão mais propensos a experimentar novidades quando têm a chance de testar gratuitamente. Essa estratégia não apenas incentiva a compra inicial, mas pode criar clientes recorrentes.

No entanto, é essencial equilibrar a oferta de amostras grátis para evitar prejuízos financeiros. Empresas precisam planejar cuidadosamente sua distribuição, direcionando amostras para públicosalvos específicos. A criação de embalagens atraentes e personalizadas também maximiza o impacto da amostra. Em resumo, amostras grátis são uma ferramenta estratégica e persuasiva no universo das vendas, impulsionando a experiência do cliente, promovendo a experimentação e estabelecendo uma base sólida para o sucesso a longo prazo no mercado.

GATILHO SOCIAL

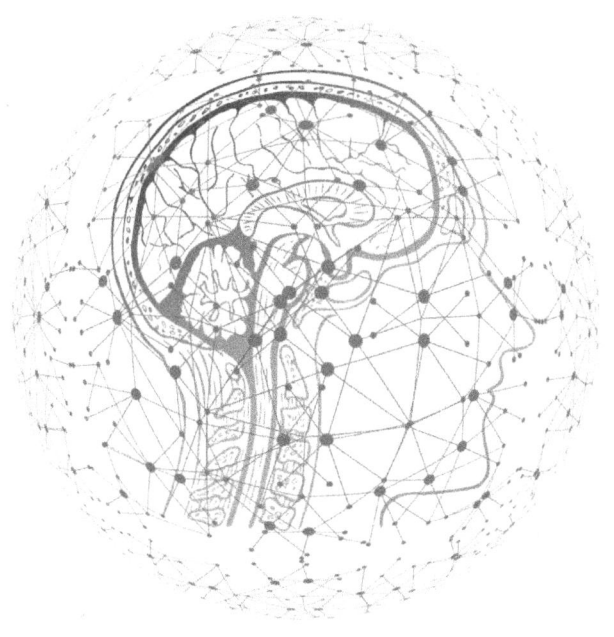

O ser humano, como todos, tem a necessidade inconsciente de seguir e copiar o ambiente social; isso chega até a ser cultural. Esse tipo de cópia e cola foi até necessário para nossa evolução; aprender com a sociedade, como ela interage, o que ela faz e como se comporta foi impactante para nosso ajuste social.

Nós, humanos, estamos sempre observando e, como dito anteriormente, na maior parte do tempo inconscientes. Um excelente exemplo é quando um cliente está passando próximo a uma loja ou restaurante; um está lotado e o outro vazio, automaticamente você vai para o que estiver com o maior número de pessoas. Em seu pensamento, de forma inconsciente, deduz que quanto maior o número de pessoas naquele estabelecimento, provavelmente será o melhor produto e preços ou, no caso do restaurante, a melhor comida está sendo servida, para que tantas pessoas estejam fazendo aglomeração. Também chamo esta técnica de efeito manada, gatilho que gosto de utilizar em

Alguns ambientes, este tipo de gatilho aprendi na feira, isso mesmo que você leu. Existem vários tipos de vendedores e, para mim, o mais ativo de todos era o feirante. É uma gritaria, uma chama-chama de cliente, músicas improvisadas e muito mais, e que era necessário algum tipo chamativo para este ambiente caótico.

Mas o que me chamava atenção era sempre uma aglomeração de pessoas em uma única barraca. Na minha mente, eu me indagava: ou estão dando de graça, ou era absurdamente barato. Vou dar uma espiada, como todo brasileiro curioso é. Na grande parte das vezes, não tinha nada de mais; me perguntava como isso acontecia e como podia utilizar essa técnica em um ambiente mais exclusivo.

Trabalhando em ambientes fechados com shopping e trabalhava nesse tempo com café. Aí comecei a notar que o perfume do café se espalhava além da porta da loja, exalando um cheiro bem agradável aos amantes de café. Aí eu fazia alguns cafés e espalhava o pó entre as prateleiras. Meu amigo, até quem não gostava de beber café adorava o cheiro, e ainda, para completar, colocava um copo de café em mãos e deixava outro próximo a mim. Isso era maravilhoso, porque eu sabia de longe quem era meu cliente em potencial; eles vinham pela trilha do cheiro, elogiando o produto. Aí era só conversar e fazer o fechamento da venda.

Mas quer dizer que não chegava só um; era um formigueiro, pois sabia da amostra grátis, aproveitava para colocar umas caixas do produto fechado ao meu redor e, quando os clientes estavam em volta. Outras pessoas se sentiam tentadas a olhar o porquê da aglomeração de tantas pessoas bebendo o café e comprando a cafeteira. Essa era a sensação que tinham as pessoas de fora quando viam as pessoas com as caixas do produto ao lado de seus pés. A necessidade de pertencimento é um dos motores por trás do gatilho social.

As pessoas buscam conexões e identificação com grupos, e o comportamento observado nesses grupos torna-se um guia para suas próprias ações. Empresas frequentemente utilizam estratégias de marketing baseadas no gatilho social, destacando avaliações positivas, depoimentos e popularidade para influenciar clientes em potencial.

O fenômeno do gatilho social também pode ser observado em movimentos sociais e mudanças culturais. Quando um número significativo de pessoas adota determinadas atitudes ou práticas, isso pode desencadear uma cascata de adesões semelhantes. A pressão social, seja ela consciente ou não, molda as escolhas e comportamentos individuais de maneiras profundas. Em resumo, o gatilho social é uma força

GATILHO DA ANALOGIA

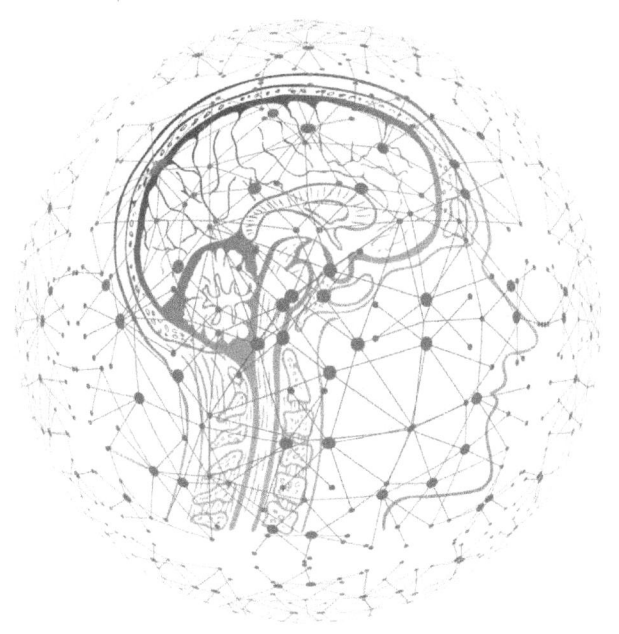

Esse é um gatilho bem interessante, pois usava com frequência para poder entrar no mundo de conhecimento do cliente. É necessário você ter um segundo plano na hora da venda, pois algumas pessoas ficam com dúvidas e podem achar seu assunto complexo demais.

Quando homens que eu sabia ter um automóvel, por exemplo, tinham que tomar a decisão de escolher uma cor de um produto, eu tinha o benefício de saber que um determinado produto possuía pintura automotiva e logo assemelhava-se com a conversa. Olhe, Rodrigo, sabia que esse produto tem a mesma qualidade de pintura que seu carro possui? E se você levar uma cor mais clara, as chances de sinalizar um arranhão na pintura são menos visíveis; por exemplo, um carro preto, ao ser arranhado, é mais visível que um carro preto ou vermelho.

Usar a analógica para poder explicar melhor assuntos mais complexos fica mais fácil e dinâmico, e pode despertar curiosidades no cliente.

produto e mais propenso a comprá-lo.

Analogias também podem ser utilizadas para evidenciar benefícios tangíveis. Se oferecer um serviço de armazenamento em nuvem, compará-lo a uma biblioteca pessoal digital pode ajudar o cliente a visualizar a praticidade. Além disso, ao adotar analogias, é possível despertar emoções positivas. Associar um serviço de entrega rápida a uma "corrida contra o tempo" cria uma narrativa envolvente, incentivando a ação imediata do cliente. Portanto, o gatilho da analogia na venda não apenas simplifica informações, mas também cria conexões emocionais, aumentando as chances de sucesso na abordagem comercial.

Em resumo, o gatilho da analogia pode ser uma ferramenta poderosa na hora de vender um produto, pois ajuda a torná-lo mais compreensível e atraente para o cliente.

GATILHO DA HISTÓRIA

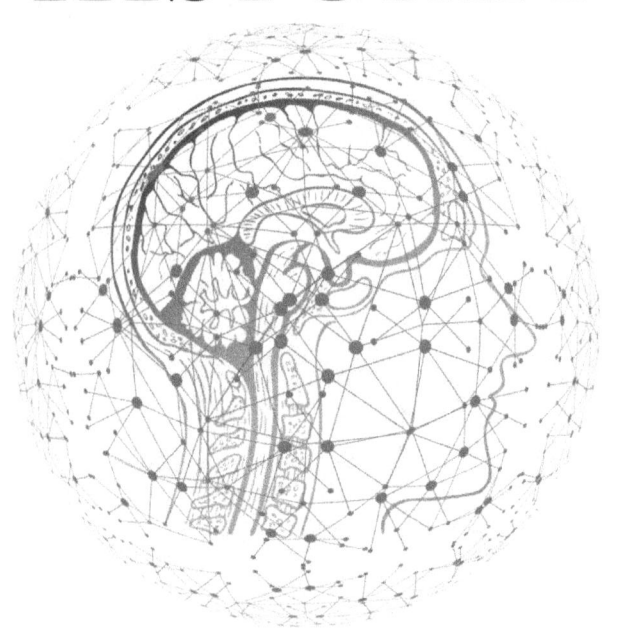

O poder do gatilho de narração de uma história na venda de produtos e serviços não pode ser subestimado Uma história bem contada pode evocar emoções, construir confiança e, por fim, persuadir um cliente a comprar. Na verdade, estudos demonstraram que as pessoas são mais propensas a lembrar-se de informações quando estas são apresentadas na forma de uma história.

Como vendedor, é fundamental entender a arte de contar histórias e como ela pode ser utilizada a seu favor. Não se trata apenas de contar uma história, mas sim de contar uma história que corresponda às necessidades e desejos do seu cliente.

Por exemplo, se você estiver vendendo um produto de condicionamento físico, poderá contar a história de um cliente que lutou para perder peso antes de descobrir seu produto e atingir suas metas de condicionamento físico. No entanto, é importante notar que a narrativa não deve ser manipuladora ou enganosa.

Sua história deve ser verdadeira e autêntica, e seu produto ou serviço deve estar à altura da história que você conta.

Os clientes são experientes e podem rapidamente perceber a falta de sinceridade, o que pode prejudicar a reputação da sua marca. Além de vender produtos e serviços, o storytelling também pode ser usado como ferramenta de branding e marketing. Contar histórias é uma técnica poderosa para vender produtos ou serviços. As histórias permitem que o consumidor se conecte emocionalmente com a marca e com o produto em questão. Além disso, as histórias ajudam a criar um senso de identidade e propósito em torno da marca.

A história deve ser relevante para o produto ou serviço que está sendo vendido e deve ser contada de uma forma envolvente e cativante. É importante que a história esteja alinhada com os valores da marca e com a mensagem que se deseja transmitir.

Uma boa história pode ser usada em diferentes etapas do processo de venda, desde a atração do cliente até o fechamento da venda.

Ao utilizar histórias, é possível criar uma conexão emocional com o cliente, aumentar a sua confiança na marca e tornar a experiência de compra mais memorável.

Em resumo, contar histórias é uma técnica eficaz para vender produtos ou serviços. As histórias permitem que o cliente se conecte emocionalmente com a marca e com o produto em questão, aumentando a sua confiança e tornando a experiência de compra mais memorável.

CONSIDERAÇÕES FINAIS

Neste último capítulo, queria poder expressar minha opinião sincera, tanto no ambiente de trabalho como no pessoal. Tenha em mente que um vendedor tem uma segunda profissão, isso mesmo que eu falo, e sua profissão é a de psicólogo Tenha certeza de que se trata de uma atividade que requer muita agilidade na atenção e uma boa paciência, pois, na maioria do tempo, nem tudo vai ser flores. O ambiente de trabalho também conta muito para seu desenvolvimento. Graças ao nosso maravilhoso Deus, tive a oportunidade de trabalhar em uma equipe maravilhosa que prestava serviços para uma multinacional chamada Nespresso, porém o que foi um diferencial não era a empresa, mas a equipe coordenada por um amigo meu, original da Bahia e uma pessoa que sabia trabalhar com pessoas, sempre equilibrava empresa e equipe, porém defendia sua equipe como um leão, pois sabia que seu trabalho dependia de sua equipe. Chamado carinhosamente de John, um espírito que me acolheu comom muito entusiasmo e paciência, sempre serei grato e ainda se tornou um amigo para a vida.

Depois veio outra pessoa com o nome de Thomaz, passou curto período comigo, mas deixou saudade como supervisor e amigo; era verdadeiramente um fofo em pessoa. Meus amigos de trabalho, como meu parceiro de loucuras, carinhosamente chamado de Nik. Esse realmente foi parceiro, com uma mentalidade de sábio; sempre me consultava para ter um melhor caminho nas minhas decisões. Meu amigo Augusto, carinhosamente chamado de Danoninho, acho que nunca vi pessoa mais organizada que essa criatura; é um verdadeiro profissional. Minha amiga Mel, soteropolitana, profissional incrível e com uma das mães mais calmas e pacientes que já vi, cogito em falar que poderia trabalhar em um call center.

Minha amiga Aline, a bonequinha Barbie da turma, é uma pessoa incrível e profissional de dar orgulho. Meu amigo Gil, pense... Um homem alto, mas o coração era maior ainda, um verdadeiro amor em pessoa. Meu amigo Vitor, um garanhão, voz de locutor e o pai mais manteiga que já vi, que não podia ver o filho que se derretia todo. Meu amigo Marcelo, famosa juba de leão, por ter o cabelo mais bonito da turma, um padrão de pai e profissional.

Minha amiga Kaká, mulher com uma experiência vasta, profissional exemplar e uma verdadeira madame. Meu antigo amigo Ricardo, que ficou pouco tempo, porém era notória sua presença de ser um grande vendedor, profissional exemplar; minha amiga Acácia, de Aracaju, uma profissional com uma paciência maior que a minha e que me ajuda até hoje.

Meu amigo David tem um apelido carinhoso, mas não posso descrevê-lo neste livro, e é a alegria em pessoa; pode o dia estar um caos, e ele sempre tem um sorriso no rosto. Meu amigo Jâmisson, que me substituiu no meu antigo trabalho ficou feliz que tenha me substituído, pois sei que irá realizar um trabalho excelente e continuará meu legado. Meus irmãos, Taynan e Raynan, apelidados carinhosamente de guaiamuns, também me chamam assim e é motivo de risadas em nosso meio. Minha Ex-companheira Bruna, que é um alicerce na minha vida e apoiadora de minhas loucuras.

Meu pai Bobó, meu avô e avó que já desencarnaram e encontram-se em bons lugares. E, por fim, meus filhos: Ísis Valentina, a qual papai chama de minha princesa ou pucuyu, e meu filho Bryan Felipe, que brincava na sua infância. Quando ele me pedia a bênção, eu falava: "Deus te abençoe, cabecinha de boi", e vinha tentar me dizer que não era, que não tinha a cabeça de um boi. Achava engraçado o jeito que tentava explicar.

Na vida, nem tudo são flores; experiências ruins irão acontecer, e é nesse momento que você deve ser sábio para aproveitar ao máximo a lição. Pessoas irão te deixar com os cabelos em pé, porém, aprenda com elas. Sempre vai existir alguma coisa para aprender. Sempre digo que os inimigos são anjos enviados por Deus para te fazer lembrar de algo ou fortalecer seu espírito Lembre-se de tudo que nosso mestre Jesus nos deixou: VIGIAI E ORAI. Nosso espírito está pronto, mas a carne é fraca. Sempre que puder, agradeça a Deus sempre; mesmo que não seja religioso, agradeça por tudo.

Pela dor que te deixa mais forte, pela doença que te faz enxergar a saúde, pela solidão que te faz meditar, pela lágrima escorrida que te faz limpar a alma, pela traição que te faz mais cauteloso, pelo tempo perdido que te traz experiência e pela morte que te faz enxergar o valor do tempo presente.